ENGLISH BEGINNER'S BOOK

Your Passport to Mastering SWAHILI!

ENGLISH –SWAHILI FOR BEGINNERS

TABLE OF CONTENTS - YALIYOMO

1. Objects/Actions and People in a Classroom/School-VIFAA, VITENDO NA WATU KATIKA DARASA, SHULE

Examples of Dialogues- **Mifano ya mazungumzo**

Pascale:　　　What is this? – **Hiki ni nini?**

Albert**:**　　　It is a pencil.- **Ni penseli/kalamu ya risasi**

Anaïs:　　　　What is this? -**Hiki ni nini?**

Albert**:**　　　It is an eraser.-**Ni kifutio/raba**

Pencil – **Penseli/Kalamu Ya Risasi**

Textbook- **Buku**

Dictionary - **Kamusi**

Exercise Book- **Daftari**

Eraser- **Kifutio/Raba**

Ruler- **Rula**

Pen- **Kalamu**

Pair Of Scissors- **Makasi**

Teacher- **Mwalimu/Mdarisi**

Principal-**Mwalimu Mkuu**

Pencil Case-**Pochi La Penseli**

Student's/Pupil's Desk-**Dawati**

School Uniform-**Sare/Suluhu**

Teacher's Desk- **Meza Ya Mwalimu**

Pupil- **Mwanafunzi/Mwanaganzi**

Pupils- **Wanafunzi/Wanagenzi**

School Boy / School Girl- **Mvulana Wa Shule/Msichana**

Wa Shule

Table- **Meza**

Chair- **Kiti**

Chalk- **Chaki**

Glue- **Gundi**

Bulletin Board- **Kibao Cha Ujumbe**

Chalk Board - **Ubao**

Felt Pen- **Kalamu Ya Rangi**

Chart- **Chati**

Dustbin – **Jaa/Jalala**

School Bag- **Mkoba Wa Shule**

Paper- **Karatasi**

 School- **Shule/Skuli**

Clock- **Saa**

Map-**Ramani**

Pencil Sharpener-**Kichongeo**

Highlighter- **Kikoza**

To Write-**Kuandika**

To Read- **Kusoma**

To Draw-**Kuchora**

To Spell-**Kuendeleza**

To Question- **Kuuliza**

To Answer- **Kujibu**

To Learn- **Kujifunza**

To Discuss- **Kujadiliana**

To Play- **Kucheza**

Vocabulary - MSAMIATI
Homework- **Kazi Ya Ziada**

Grade- **Gredi**

Test- **Tamrini/Zoezi**

To Fail a Test- **Kufeli/Kuanguka Katika Zoezi**

To Pass a Test- **Kupasi/Kufaulu Katika Zoezi**

Lesson- **Funzo**

Physics- **Fisikia**

Chemistry- **Kemia**

Biology- **Biologia**

Art- **Somo La Sanaa**

Music- **Muziki**

Sciences- **Sayansi**

Languages- **Lugha Mbalimbali**

French- **Kifaransa**

English- **Kiingereza,Kimombo/Ung'eng'e**

Mathematics- **Hesabu/Hisabati**

History-**Historia**

Geography- **Jeografia**

Philosophy- **Filofia**

Sociology- **Sosolojia**

Litterature-**Fasihi**

2.   Office-AFISI/OFISI

Examples of Dialogues- **Mifano ya mazungumzo**

Marie: What is this?- **Hiki ni nini?**

Anne: It is a computer-**Ni tarakilihsi/kompyuta/ngamizi**

Marie: What is this?-**Hiki ni nini?**

Office Desk- **Meza Ya Afisini**

Computer- **Ngamizi/Tarakilishi/Kompyuta**

Telephone- **Simu**

Cell Phone / Mobile Phone / Wireless Phone- **Rununu,**

Rukono, Simu-Tamba, Simu Sogevu.

Typewriter –**Mtabo Wa Kupinga Chapa**

Calculator- **Kikokotoo**

Fax Machine- **Mtambo Wa Barua Meme/Faksi**

Photocopier - **Kinakilishi**

Printer -**Kipiga Chapa**

Stapler-**Kibanio**

Staple-**Pini**

Paper Clip-**Kibanio Cha Karatasi**

E-Mail- **Barua Pepe**

A File Folder- **Faili**

Filling Cabinet- **Shubaka**

Secretary/Personal Assistant- **Mhazili/Sekretari**

Receptionist- **Mpokezi wa Afisini**

Manager- **Meneja**

Whole Punch-**Tindo**

Rubber Stamp- **Muhuri**

Waste Paper Basket-**Jaa**

Laptop Computer- **Kipakatalishi**

Organizer-**Kifaa**

Vocabulary- MSAMIATI

Company- **Kampuni**

CEO (Chief Executive Officer)- **Mkurungenzi mkuu**

Staff- **Mfanyikazi**

Salary- **Mshahara**

Payroll- **Orodha ya malipo**

Headquarters- **Makao makuu/hedikota**

Meeting room- **Ukumbi wa mikutano**

Businessman- **Mfanyibiashara/Kiume**

Businesswoman-**Mfanyibiashara/Kike**

3. Transportation-
UCHUKUZI/USAFIRISHAJI

Examples of Dialogues -Mifano ya mazungumzo

Hilda: How do you travel to Paris?-**Utasafiri vipi hadi Paris? / Uliendaje Paris.**

Maria: I travel there by airplane. - **Nilisafiri kwa ndege/ nilienda kwa ndege**

Michelle: How do you go to town? -**Huendaje mjini?**

Maria: I go there by car.- **Huenda kwa motokaa/gari**

Michelle: How much is a return ticket to New York? -

   Nauli/tiketi ya kwenda New York na kurudi ni pesa gapi?

Maria: It costs 200 dollars.-**Ni dola mia mbili (200)**

Car- **Motokaa/Gari**

Van-**Basi Ndogo**

Bus - **Basi**

Truck- **Lori**

Bus Stop- **Stani/Kituo/Stesheni**

Train-**Gari Moshi**

Train Station- **Stesheni/Kituo/Stani Ya Garimoshi**

Platform- **Jukwaa**

Plane- **Ndege**

Return Ticket-**Nauli, Tiketi Ya Kwenda Na Kurudi**

One Way Ticket-**Mali Ya Kwenda Au Nauli/Tiketi Ya Kurudi**

Taxi- **Teksi**

Ambulance- **Ambulensi**

Bicycle- **Baiskeli**

Helicopter-**Helikopta**

Traffic Lights- **Taa Za Trafiki**

Motorcycle- **Pikipiki**

Boat- **Mashua**

Tractor- **Trekta/Tingatinga**

Roundabout- **Mzingo/Mzunguko**

To Park - **Kuengesha**

To Drive - **Kuendesha**

Road Signs- **Alama Za Barabarani**

Ship-**Meli**

Port- **Bandarini**

Street- **Mtaa**

Road- **Njia/Sabili/Tariki**

Sidewalk- **Kijia Cha Miguu**

By Foot – **Kwa Miguu**

Vocabulary-MSAMIATI

To Check In-**Uthibitishaji Wa Vyeti Vya Kusafiria**

To Make A Flight Reservation-

Connection-**Usafiri**

Flight Number- **Namba Ya Ndege**

Immigration- **Uhamiaji**

Customs- **Forodha**

Control Tower- **Mnara Wa Kudhibiti Safari Za Ndege**

Security- **Usalama/Ulinzi**

4.   PARTS OF THE BODY -SEHEMU ZA MWILI

Sample Sentences: **Mifano ya Sentensi.**

Alice :

Alice has long hair.- **Alice ana nywele ndefu**

She has black eyes.- **Ana macho meusi.**

James :

James has long legs.- **James ana miguu mirefu.**

He has short hair.- . **Ana nywele fupi.**

Hair -**Nywele**

Head –**Kichwa /Rasi.**

Face –**Uso.**

Eye –**Jicho / Ozi**

Eyes –**Macho /Ozi**

Nose -**Pua**

Cheek -**Shavu**

Neck -**Shingo**

Mouth – **Kinywa / Kanywa**

Teeth -**Meno**

Ear - **Sikio**

Chest -**Kifua**

Stomach - **Tumbo**

Arm- **Mkono**

Hand –**Mkono /Kigasha**

Wrist - **Kiwiko**

Elbow –**Kisugudi / Kiko Cha Mkono**

Finger -**Kidole**

Shoulder - **Bega**

Back- **Mgongo**

Thumb -**Kidole Gumba**

Leg -**Mguu**

Knee- **Goti**

Ankle -**Kifundo Cha Mguu**

Foot - **Wayo**

Toes - **Vidole**

Lips- **Midomo**

Tongue-**Ulimi**

Nails -**Kucha**

Chin-**Kidevu**

Tongue-**Ulimi**

5.   THE WEATHER- HALI YA ANGA

Examples of Dialogues - **Mifano ya Mazungumzo.**

Marie: How is the weather?- **Hali ya anga ikoje?**

Orina: It is a nice day.- **Ni siku njema /Ni siku shwari**

Daniel: It is cold.- **Kuna baridi**

It is sunny. **Kuna jua**

It is snowing. **Kuna theluji.**

It is cloudy. -**Kuna mawingu**

(It is foggy. - **Kuna ukungu**

It is bad weather. –**Hali ya anga ni shari /mbaya**

It is raining. -**Kunanyesha**

It is windy.-**Kuna upepo**

It is stormy. –**Kuna dhoruba**

It is hot. –**Kuna joto**

Useful Vocabulary and Expressions -**Matumizi ya Msamiati na hisia**

Wet-**Unyevu**

Storm -**Dhruba**

Flood-**Mafuriko /Gharika**

Hurricane-**Kimbunga /Tufani**

Dry-**Kavu**

Shower-**Mvua**

Thunder-**Ngurumo**

Sunny- **Kuna Jua**

Temperature- **Hali Ya Joto**

It's 10 Degrees.- **Ni Nyusi Kumi**

Windy Kuna upepo –**Kuna upepo**

6. Clothing and Accessories- Mavazi na mapambo.

Sample Sentences Using Clothing Vocabulary- **Mifano ya sentensi kwa kutumia msamiati wa mavazi**

When it is cold, I wear a coat.-**Kukiwa na baridi, mimi huvaa kabuti.**

When it is sunny, I wear sunglasses.-**Kukiwa na jua, mimi huvaa miwani.**

During winter, I wear boots.-**Wakati wa barafu, mimi huvaa buti.**

When he is playing football, he puts on a T-shirt.-

Anapcheza kandanda, yeye huvaa jezi.

Shirt-**Shati.**

Tie -**Tai.**

Hat -**Chepeo**

Cap -**Kofia/Chepeo**

Jacket -**Jaketi**

Suit-**Suti.**

Trousers -**Suruali Ndefu**

Belt -**Mshipi**

Skirt -**Sketi.**

Dress -**Rinda**

Pullover -**Fulana /Sweta**

Pajama -**Pajama /Pwayapwaya**

Blouse-**Blauizi**

Waistcoat - **Koti**

Headscarf -**Ukaya.**

Slippers-**Malapa /Patapata /Slipa**

Sandals -**Champali**

Boots -**Buti**

Shoes -**Viatu**

Socks -**Soksi**

Polo -**Vazi/Polo**

Jeans -**Dangirizi**

Scarf -**Skafu**

T-Shirt-**Jezi.**

Coat -**Kabuti**

Gloves-**Glavu /Glovu**

Underpants-**Chupi**

Panties, Briefs-**Kocho /Chupi.**

Raincoat -**Kabuti La Mvua**

Boxer Shorts-**Chupi.**

Watch -**Saa**

Sun Glasses -**Miwani Ya Jua**

Swimming Costume-**Sare Za Uogeleaji.**

Wallet-**Kibeti /Pochi**

Handbag-**Mkoba /Hadibegi.**

Spectacles/Glasses-**Miwani/Machonne**

Necklace-**Mkufu**

Earrings-**Vipili /Herini**

Bracelet-**Bangili**

Ring-**Pete**

Backpack-**Shanta**

Umbrella-**Mwavuli.**

Night Gown-**Gauni.**

Jogging Suit-**Nguo Za Michezo**

Overall-**Surupwenye /Bwelasuti/Ovaroli**

Bathrobe-**Gauni,/Joho**

Stockings-**Soksi Refu**

Bra-**Sindiria /Kanchiri**

Blazer-**Koti**

Cap-**Kofia**

7.   Adjectives- vivumishi.

An example of a description using descriptive adjectives-

Mfano wa maelezo kwa kutumia vivumishi vya sifa.

<u>**Onyango**</u> (male)

Onyango is tall.-**Onyango ni mrefu.**

He is handsome. –**Ana sura nzuri /ni mtanashati**

He is happy. –**Ana furaha**

He is in love.-**Yumo katika mapenzi /mahaba**

He is strong.- **Ana nguvu**.

<u>**Anyango**</u> (female)

Anyango is tall -**Anyango ni mrefu**

(She is beautiful.-**Yeye ni mrembo /kipusa/kidosho**.

She is happy.-**Ana furaha.**

She is in love.- **Yumo katika mapenzi /mahaba**

She is strong. -**Ana nguvu**

Small -**Dogo**

Short-**Fupi**

Hot-**Moto**

Cold -**Baridi**

Round -**Mviringo**

Square-**Mraba**

Dirty-**Chafu**

Clean -**Safi**

Light -**Mwanga**

Heavy-**Zito**

Full-**Jaa**

Empty -**Tupu /Shinda**

In Love-**Katika Mapenzi**

Afraid-**Kuwa Na Woga**

Angry-**Kuwa Na Hasira /Ghadhabu**.

Shy-**Kuwa Na Soni.**

Confused-**Kuchanganyikiwa**

Bored-**Kuwa Katika Upweke.**

Scared-**Kuwa Na Woga**

Nervous-**Kuwa Na Kiwewe /Wasiwasi.**

Worried-**Kuduwaa /Kuwa Na Bumbuazi.**

Embarrassed-**Kuona Aibu / Haya /Soni**

Shocked -**Kushtuka /Kumaka**

Strong-**Kuwa Na Nguvu.**

Weak-**Kuwa Mnyonge /Dhaifu**.

Funny-**Mcheshi**

Slow-**Polepole.**

Fast-**Kwenda Mbio /Haraka/Upesi.**

Cute-**Kuwa Mrembo**

Happy-**Kuwa Na Furaha/Bashasha.**

Other descriptive adjectives-**vivumishi vingine vya sifa.**

Bad-**Baya**

Excellent-**Zuri/Zaidi**

Good-**Zuri**

Young-**Mchanga**

Handsome, Beautiful-**Kuwa Mtanashati /Spoti/Kuwa Mrembo/Kidosho/Kisura**

Pretty-**Kuwa Mrembo/Kidosho/Kipusa**

New-**Mpya**

Kind-**Mwenye Huruma**

Naughty/Unkind-**Mtukutu**

Generous-**Kuwa Mkarimu**

8. The family-Aila /Fmilia

Examples of Useful Expressions -**Mifano ya maelezo /misemo muhimu.**

I love my family.-**Ninaipenda aila /familia yangu**

I adore my sister.-**Ninampenda dada yangu**

I love my father and my mother.-**Ninapenda Baba na Mama yangu.**

Father -**Baba /Abu**

Mother -**Mama /Nina**

Brother -**Kaka**

Sister-**Dada**

Grandfather -**Babu**

Grandmother -**Nyanya /Bibi**

Son -**Mtoto/Mwana wa Kiume**

Daughter /Girl- **Mwana wa Kike /Msichana**

Aunt-**Shangazi/Mbiomba**

Uncle -**Mjomba /Hau**

Male Cousin -Cousin-**Binamu/Mkoi**

Female Cousin - Cousin -**Binti Amu**

Baby-**Mtoto Mchanga**

Child-**Mwana ,Mtoto**

Grandchildren-**Wajukuu**

Spouse-**Mchumba/Mahububu/Laazizi**

Vocabulary-**Msamiati.**

Parents-**Wazazi/Wavyele**

Boy-**Mvulana/Ghulamu/Barobaro**

Man-**Mwana Mume**

Woman/Wife-**Mwana Mke /Mke /Ahali**

Husband-**Mume/Bwana**

Adult-**Mtu Mzima**

Step Father-**Baba wa Kambo**

Step Mother-**Mama wa Kambo**

9.   Colours -Rangi/Launi

Examples of Dialogues-**Mifano ya mazungumzo.**

Question (Q) :   What colour is the banana?-**Ndizi ni ya rangi gani?**

Réponse: (R):   The banana is yellow.-**Rangi ya ndizi ni manjano/njano**

Q :   What colour is snow?-**Theluji ni ya rangi gani?**

R :   The snow is white.-**Theluji ni nyeupe**

Q :   Which colour is my dress ? - **Rinda yangu ni ya rangi gani?**

R :   My dress is green.)-**Rinda langu ni la rangi ya kijani kibichi**

Red-**Nyekundu**

White-**Nyeupe**

Blue-**Samawati/Buluu**

Green-**Kijani Kibichi/Chanikiwiti**

Yellow-**Manjano/Njano**

Black-**Nyeusi**

Grey-**Kijivu**

Brown-**Hudhurungi/Kahawia**

Purple-**Zambarau**

Orange-**Chungwa**

Pink-**Waridi/Rangi Ya Balungi**

Silver-**Fedha**

Gold-**Zari/Dhahabu**

Dark Blue-**Nili**

Light Blue-**Samawati**

Violet-**Urujuani**

10. Places -Mahali mbalimbali

Examples of Dialogues-**Mifano ya mazungumzo**

Monica: Where are you going now?-**Sasa unaenda wapi?**

Albert: I am going to the museum.-**Ninaenda makavazi.**

Monica: Where are you going this evening?-**Jioni utaenda wapi?**

Albert: I am going to the movie theatre. **Nitaenda katika jumba la sinema/thieta.**

<u>**Attention:**</u>

I am going to the restaurant. **-Ninaenda hotelini/mkahawani**

I am going to the swimming pool. -Ninaenda katika bwawa/dimbwi la kuogelea

I am going to the hospital. -Ninaenda hospitalini

I am going to school. -Ninaenda shuleni.

Hospital-**Hospitali**

School-**Shule /Skuli**

Town/City-**Mji/Jiji**

Church-**Kanisa**

Cinema-**Sinema**

Mosque-**Msikiti**

Museum-**Makavazi**

House / Home-**Nyumba/Chengo/Manzili/Maskatimu**

University-**Chuo Kikuu**

Beach-**Ufuo wa Bahari**

Supermarket-**Duka Kuu**

Superstore-**Duka Kuu**

Shopping Mall / Shopping Center-**Duka Kuu/Madukani**

City Hall-**Baraza A Jiji**

Office-**Ofisi/Afisi**

Library -**Maktaba**

Shop-**Duka**

Restaurant-**Hoteli/Mkahawa**

Swimming Pool-**Bwawa/Dimbwi La Kuogelea**

Washroom-**Hamamu/Maliwato/Choo/Lege**

Pharmacy – **Dukala Kuuza Dawa**

Butchery-**Buchari**

Bakery - **Kiwanda Cha Kuokea Mikate/Joko**

Hotel-**Hoteli**

Grocery-**Duka La Kuuza Mboga**

Building-**Jengo**

Skyscraper-**Ghorofa/Jingo Refu**

Police Station-**Kituo Cha Polisi**

Market-**Soko/Gulio**

11. Food and Drinks -Vyakula/maakuli navinywaji.

Dialogue:

Emma: What are you eating?-**Unakula nini?**

Michael:I am eating chips/fries.-**Ninakula vibanzi /chipsi.**

Useful Expressions and Vocabulary - **misemo na misamiati muhimu.**

I am hungry.-**Nina njaa.**

I like eating bananas.-**Ninapenda kula ndizi.**

I would like to eat some pizza.-**Ningependa kula piza**

Irene is eating a sandwich.-

Ann prefers eating biscuits.-**Anne hupenda kula biskuti.**

I prefer eating rice and meat.-**Ninapenda kula wali kwa nyama.**

I am thirsty.-**Nina kiu.**

I prefer drinking orange juice.-**Ninapenda kunywa sharubati /juisi ya machungwa**

My father likes fruits.-**Baba / Abu yangu hupenda matunda**

12. Fruits and Vegetables -Matunda na mboga

Apple-**Tufaha**

Orange-**Chungwa**

Mango-**Embe**

Potato-**Kiazi**

Lettuce-**Saladi**

Grapes-**Zabibu**

Banana-**Ndizi**

Salad-**Saladi**

Pear-**Peasi**

Strawberry-**Forosadi**

Watermelon-**Tikiti Maji**

Lemon-**Ndimu**

Pumpkin-**Boga**

Tomato-**Nyanya**

Onion-**Kitunguu**

Cherry-**Cheri**

Pineapple-**Nanasi**

Carrot-**Karoti**

Papaya-**Papai**

Grapefruit-**Zeituni**

Corn-**Mahindi**

Beans-**Maharagwe**

Mushroom-**Uyoga**

Cabbage-**Kabichi**

Nut-**Njugu**

Coconut-**Nazi**

French Beans/Green Pepper-**Pilipili**

Eggplant-**Biriganya**

Leek-**Liki**

Garlic-**Kitunguu Saumu**

Ginger-**Tangawizi**

Plum-**Tundaamu**

Peach-**Pichi**

Raspberry-**Mtoje Karakara/Ikunga**

Guava-**Mapera**

Avocado-**Parachichi**

B. Other Types of Food and Drinks- **Aina zingine za vyakula na vinywaji**

Meat-**Nyama**

Chicken - **Nyama Ya Kuku**

Beef - **Nyama Ya Ng'ombe**

Fish-**Samaki**

Pork-**Nyama Ya Nguruwe**

Bread-**Mkate**

Cereals-**Nafaka**

Biscuits-**Biskuti**

Rice- **Mchele** (Uncooked) ,**Wali** (Cooked)

Milk-**Maziwa**

Cheese - **Jibini**

Butter-**Siagi**

Yoghurt-**Gururu**

Tea-**Chai**

Coffee-**Kahawa**

Pasta-**Tambi**

Chocolate-**Chakuleti/Chakeleti**

Soup-**Supu**

Egg-**Yai**

Cake-**Keki**

Orange **Juice-Sharubati Ya Machungwa**

Apple Juice-**Sharubati Ya Tufaha**

Pizza-**Piza**

Water-**Maji**

Oil-**Mafuta**

Flour-**Unga**

Spices-**Viungo**

Jam-**Mraba/Jemu**

Sugar-**Sukari**

Salt-**Chumvi**

Fries / Chips-**Vibanzi**

Burger-**Baga**

Sandwich-**Sangweji**

Pie-**Sambusa**

Biscuits-**Biskuti**

Lemonade-**Sharubati Ya Ndimu**

Wine-**Divai**

Cola-**Kola**

Mineral Water-**Majji Ya Madini**

Tap Water-**Maji Ya Bilula**

Pancakes-**Mikate Ya Kitumbua**

Fish And Chips-**Samaki Kwa Vibanzi**

Cooking Vocabulary -**Msamiati wa mapishi**

To Peel-**Kuambua**

To Cut-**Kukata**

To Roast-**Kubanika**

To Pour-**Kumimina**

To Mix-**Kuchanganya**

To Boil-**Kuchemsha**

To Stir-**Kukoroga**

To Fry-**Kukaanga**

To Bake-**Kuoka**

To Grate-**Kukuna**

To Add-**Kuongeza**

To Put -**Kutia**

To Spread-**Kutandaza**

Vocabulary -**Msamiati**

Courses-**Vyakula**

Appetizer-**Kichochea Mlo**

Soup-**Supu**

Main Dish-**Mlo Mkuu**

Side Order-**Mlo Kando**

Dessert-**Kitinda Mlo**

Drinks-**Vinywaji**

Soda-**Soda**

Brandy-**Brandi**

Whisky-**Wiski**

Beer-**Pombe, Bia**

Cocktail Party-**Tafrija Ya Koktaili**

Liqour-**Kileo, Pombe**

Yoghurt-**Mtindi**

Water-**Maji**

Milk-**Maziwa**

Tea-**Chai**

Porrriadge-**Uji**

Beverage-**Sharabia**

13. Location, Position and Directions - mahali, makao na dira

Sample Dialogues-**mfano wa majadiliano**

Louise: Excuse me, where is the cup?-**Tafadhali, kikombekiko wapi?**

Steve: It is **on** the table.-**kiko juu ya meza**

Louise: Excuse me, where is the teacher? -**Tafadhali, yuko wapi mwalimu?**

Steve: He is **in front of** the class.- **Yuko mbele ya darasa.**

Louise: Excuse me, where is the library? -**Tafadhali, iko wapi maktaba?**

Steve: It is **near** the bank.- **iko karibu na banki.**on -**juu**

The cat is **on** the table. -**Paka yuko juu ya meza.**

Under - **Chini ya**

The dog is **under** the table. -**Mbwa yuko chini ya meza**

In front of -**Mbele ya**

The lady is in front of the house. -**Bibi yuko mbele ya nyunba.**

Behind -**Nyuma**

The man is **behind** the house. -**mwanaume yuko nyuma ya nyumba**

On the left of -**mkono wa kushoto**

The car is on **the left side** of the house.-**Gari lipo mkono wa kushoto wa nyumba**

On the right of -**kulia/mkono wa kulia**

The lorry is on **the right side** of the house.-**lori lipo kilia/mkono wa kulia wa nyumba**

Beside –**kando**

The son is **beside** his father.-**mwana wa kiume yupo kando mwa baba yake**

In-**Ndani**

The candy is **in** the box.-**peremende ipo ndani ya sanduku**

Opposite –**upande mwingine**

The post office is **opposite** the bank. -**posta ipo upande ule mwingine wa banki** over/above-**juu**

The helicopter is flying **over** the house.-**ndege/helicopta inapaa juu ya nyumba**

Beneath, below-**chini**

The helicopter is flying **below** the clouds.-**ndege/helicopta inapaa chini ya mawingu**

Useful Vocabulary- **Matumizi ya maneno muhiu**

Up -**Juu**

Down-**Chini**

Inside-**Ndani**

Outside-**Nje**

Near To-**Karibu Na**

Far From - **Mbali Na**

North-**Kasikasini**

South-**Kusini**

East-**Mashariki**

West-**Magharibi**

Go Straight Ahead-**Endelea Mbele**

Turn Right-**Geuka Kulia**

Turn Left-**Geuka Kushoto**

14. Sports and Leisure Activities-michezo

Examples of Useful Expressions-**matumizi mbalimbali ya lugha**

I love cycling.-**Mimi napenda kuendesha baikeli**

Joan hates playing basketball. -**Joan huchukia kucheza mchezo wa kikapu.**

Alex prefers to ski.-**Alex hupendelea kuteleza kwenye barafu.**

I love playing footbal.- **Ninapenda kucheza kambumbu/kandanda/soka**

Rowing -**Kupiga Makasia**

They Are Rowing.-**Wanapiga Makasia**

Baseball -**Besi Boli**

They Are Playing Baseball.-**Wanacheza Besiboli**

Basketball –**Mchezo Wa Kikapu**

He Is Playing Basketball.-**Anacheza Mchezo Wa Kikapu.**

Boxing-**Ndondi/Masumbwi**

He is practicing boxing.-**Anapenda kufanya mazoezi ya mchezo wa masumbwi/ndondi**

Hunting -**kuwinda/kusaka**

He likes hunting.-**anapenda kuwinda/kusaka**

Volleyball -**voliboli**

They are playing volleyball.-**Wanacheza voliboli.**

Judo -**Judo**

They are practising Judo.-**Wanafanya mazoezi ya mchezo wa judo**

Gymnastic -**Sarakasi**

She is doing gymnastics.-**Anafanya Sarakasi.**

Fishing-Uvuvi

He likes fishing.-**Anapenda kuvua samaki**

Table tennis **-Tenisi**

They are playing table tennis.-**wanacheza tenisi**

Tennis -**tenisi/mchezo wa tufe**

She is playing tennis.-**Anacheza tenisi. /tufe**

Dive -**piga mbizi**

She dives.-**Hupiga mbizi.**

skiing-**Mchezo wa kuteleza kwenye barafu.**

She is skiing.-**Anateleza kwenye barafu**

Cycling-Kuendesha **baiskeli.**

She is cycling.-**Anaendesha baiskeli.**

Golf -**Gofu**

He is playing golf.-**Anacheza gofu**

Football-kandanda/kambumbu/soka

He is playing football.-**Anacheza soka /kambumbu/kandanda.**

Swimming-**kuogelea**

I am swimming.-**Ninaogelea**

Skating -**mchezo wa kuteleza**

Mary likes skating.-**Mary anapenda mchezo wa kuteleza.**

Jogging- **kunyatanyata**

I am jogging.-**ninanyatanyata**

Other Types of Sports and Leisure Activities -Aina nyingine za michezo na starehe,
Track and Field Events-**Michezo Mbalimbali Ya Riadha**

American Football-**Soka Ya Marikani**

Horse Ridding-**Kuendesha Farasi**

Show Jumping –**Sarakasi Ya Kuruka**

Ice Hockey-**Mchezo Wa Magongo Juu Ya Barafu**

Field Hockey-**Mchezo Wa Magongo**

Cricket-**Kriketi**

Javelin-**Sagai/Kutupa Mkuki**

Discus-**Kutupa Kisahani**

Shotput-**Kurusha Tufe**

High Jump-**Kuruka Juu**

Long Jump-**Kuruka Umbali**

Relay Race-**Mbio Za Kupokezana Vijiti**

Hurdles-**Mbio Za Kuruka Vinzi**

Karate-**Kareti**

Wrestling -**Miereka**

Bowling

Sailing-**Kwenda Kwa Tanga**

Running -**Kukimbia**

15.   Professions –kazi mbalimbali

Samples Dialogue -**mifano ya majadiliano**

Alex : What is your profession?-**kazi yako ni gani ?**

Emma :I am a cook. -**mimi ni mpishi.**

Pierre: What is your profession?-**kazi yako ni gani ?**

Danielle : I am a teacher.- **Mimi ni mwalimu.**

Photographer-**Mpiga Picha**

Veterinarian-**Daktari Wa Mifugo**

Artist -**Msanii**

Baker -**Mwokaji**

Butcher -**Bucha**

Carpenter -**Seremala**

Cashier -**Karani /Mhasibu**

Cook-**Mpishi**

Electrician-**Fundi Wa Umeme**

Fireman -**Mzima Moto**

Lawyer-**Wakili**

Teacher-**Mwalimu**

Mechanic -**Makanika**

Painter -**Mpaka Rangi**

Pharmacist -**Mwanafamasia**

Plumber -**Fundi Wa Bomba**

Police Officer -**Afisa Wa Polisi**

Receptionist -**Mpokezi**

Secretary -**Mhazili/Sekretari**

Security Guard-**Mlinzi**

Waiter / Waitress-**Mhudumu Katika Mkahawa**

Sportsman / Sportswoman-**Mwanaspoti**

Writer-**Mwandishi**

Optician-**Daktari wa macho**

Soldier-**Askari**

Seller-**muuzaji**

Hairdresser -**Msusi**

Driver -**Dereva**

Farmer -**Dkulima**

Pilot -**Rubani**

Musician-**Mwanamziki**

Librarian -**Mkutubi**

Dancer-**Mnenguaji viungo/mcheza ngoma**

Accountant-**Mhasibu**

Architect-**Mchoraramani**

Journalist-**Mwandishi wa habari**

Tailor-**Fundi wa nguo/fundi mshoni**

Construction worker-**Mjenzi**

Gardener-**Nokoa**

Cleaner-**Mwosha**

Fisherman-**Mvuvi**

Student -**Mwanafunzi**

16.   Animals -wanyama

Sample phrases-**mifano ya sentenzi**

I love my cat.-**ninampenda paka wangu**

I love my dog. -**ninimpenda mbwa wangu**

Michael hates birds.-**michael hapendi ndege.**

Cat -**Paka**

Dog-**Mbwa**

Cockrel/Rooster-**Joggo/Jimbi**

Chick-**Kifaranga**

Chicken -**Kuku**

Turkey -**Batamzinga**

Cow -**Ng'ombe**

Duck -**Bata**

Calf -**Ndama**

Ox -**Fahali**

Sheep-**Kondoo**

Lamb-**Mwanakondoo**

Cat-**Paka**

Dog-**Mbwa**

Mouse-**Panya**

Snail-**Konokono**

Bird-**Ndege/Nyuni**

Giraffe-**Twiga**

Lion-**Simba**

Elephant-**Ndovu**

Tortoise-**Kobe**

Frog-**Chura**

Snake-**Nyoka**

Whale-**Nyangumi**

Crab-**Kaa**

Fish-**Samaki**

Bear-**Dubu**

Tiger-**Simba Marara**

Monkey-**Nyani**

Shark-**Papa**

Hare-**Sungura/Buku**

Rabbit-**Sungura**

Cheetah-**Duma**

Rhinoceros-**Kifaru**

Zebra-**Punda Milia**

Toad-**Chura**

Buffalo-**Nyati/Mbogo**

Kangaroo-**Kangaru**

Hippopotamus-**Kiboko**

Crocodile-**Ngwena/Mamba**

Dolphin-**Pomboo/Dolfini**

Camel-**Ngamia**

Donkey-**Punda**

Gorilla-**Sokwe**

Squirrel-**Kuchakuro**

Snail-**Konokono**

Parrot-**Kasuku**

Ostrich-**Mbuni**

Owl-**Bundi**

Eagle-**Mwewe**

Rat-**Panya Buku**

Flamingo-**Flamingo**

Peacock-**Tausi**

Canada Goose-**Batabukini Wa Kanada**

Shark-**Papa**

Salmon-**Samoni,**

17.Insects- wadudu

Mosquito-**Mbu**

Ladybug-**Bunzi/Bibiarusi**

Bee-**Nyuki**

Butterfly-**Kipepeo**

Ant-**Mchwa**

Grasshopper-**Panzi**

Spider-**Buibui**

Lizard-**Mjisi Kafiri**

Scorpion-**Nge**

Fly-**Nzi**

Cockroach-**Mende/Kombamwiko**

Caterpillar-**Kiwavi**

Millipede-**Jongoo**

Cricket-**Nyenze**

Worm-**Mnyoo**

Termite-**Kumbikumbi**

18. Nature - Maumbile

Tree-**Mti**

River-**Mto**

Hill-**Kilima**

Lake-**Ziwa**

Valley-**Bonde**

Cave-**Pango**

Mountain-**Mlima**

Waterfall-**Maanguko**

Ya Maji

Stone-**Jiwe**

Rock-**Mwamba**

Sun-**Jua**

Rain-**Mvua**

Sky-**Anga**

Cloud-**Mawingu**

Space-**Mwanya**

Earth-**Dunia**

Crater-**Kasoko**

Volcano-**Volkeno**

Umeme/Radhi

Moon-**Mwezi**

Stars-**Nyota**

Clouds-**Mawingu**

Wind-**Upepo**

Snow-**Barafu**

Storm-**Dhoruba**

Thunder-**Ngurumo**

Rainbow-**Upinde**

Fog-**Ukungu**

Ice-**Barafu**

Grass-**Nyasi**

Flower-**Ua**

Leaf-**Jani**

Plant-**Mmea**

Desert-**Jangwa**

Forest-**Msitu/Mwitu**

Island-**Kisiwa**

Beach-**Ufuo**

Nest-**Kiota**

Rock-

Mwamba/Jabali

Wave-**Wimbi**

Sand-**Changarawe**

Sea-**Bahari**

Ocean-**Bahari**

Park- **Mbuga**

Safari Park-**Mbuga**

Ya Safari Park

19.Seasons -misimu /majira

Winter-**Kipupwe/Majira Baridi**

Spring-**Msimu Wa Mchpuko Wa Miti**

Summer-**Majira Joto, Hali Joto**

20. Verbs /actions -vitenzi

Examples of Dialogues-**mifano ya majadiano**

Samuel: What are you doing?-**Unafanya nini?**

Karolina: I am eating a pear.-**Ninakula peasi.**

Leslie: What are you doing? -**Unafanya nini?**

Marina: I am sleeping.-**Ninilala**

Daniel: What are you doing? - **Unafanya nini?**

Alex: I am playing with my friend.-**Ninacheza na rafiki yangu.**

Marie: What is he doing? -**Anafanya nini?**

Michael: He is reading the newspaper. -**Anasoma gazeti**

Marie: What is she doing? -**Anafanya nini?**

Michael: She is watching the television.-**Anatazama runinga/televisheni**

Hakim: What are you doing? -**Mnafanya nini?**

Simon: We are playing basketball. -**Tunacheza mchezo wa kikapu**

to eat -**kula**

to sleep -**kulala**

to walk-**kutembea**

to telephone –**kupiga simu**

to climb-**kupanda**

to go down -**kuteremka**

to watch/look –**kutazama/kuangalia**

to sing -**kuimba**

to laugh -**kucheka**

to speak-**kuongea**

to drink -**kunywa**

to open -**kufungua**

to close -**kufunga**

to cry -**kulia**

to touch -**kugusa**

to cut-**kukata**

to listen -**kisikiliza**

to walk -**kutembea**

to run-**kukimbia**

to fall -**kuanguka**

to jump -**kuruka**

to sit down –**kuketi/kukaa**

to stand up-**kusimama**

to throw –**kurusha/kutupa**

to catch –**kukamata/kushika**

to look for –**kutafuta**

to find -**kupata**

to yawn- **kupiga miayo**

21. Music Instruments -Ala za mziki

Guitare -**Gitaa**

Bass Guitar-**Gitaa**

Piano-**Piano**

Keyboard-**Kinanda**

Cymbals-**Njuga/Matuazi/Tasa**

Flute-**Zomari**

Violin-**Fidla**

Drum Kit-**Mangoma**

Drum-**Ngoma**

Trumpet-**Tarumbeta**

Accordion-**Kodiani/Harimuni**

Harp-**Kinubi**

Saxophone-**Saksofoni**

French Horn-**Tarumbeta Sikio**

Xylophone-**Marimba**

22. Shapes -Maumbo

Circle-**Duara**

Oval-**Dura Dufu**

Rectangle-**Msitatili**

Triangle-**Pembe Tatu**

Crescent-**Mwezi Mwandamo**

Square-**Mraba**

Star-**Nyota**

Cube-**Mchemraba**

Cone-**Pia**

Cylinder -**Mche**

Pyramid-**Hiramu/Piramidi**

Sphere-**Tufe**

Pentagon-**Pembe Tano**

Hexagon-**Pembe Nane**

Octagon- **Pembe Kumi**

23. The House-Nyumbani

Sections of the House and Contents -**sehemu za nyumba na vifaa**

A. The Sitting Room-**sebule/chumba cha kupumzikia**

Carpet-**Zulia**

Television-**Runinga/Televisheni**

Remote Control-**Kitenza Mbali**

Floor-**Sakafu**

Kochi/Sofa

Cushion-**Takia**

Standing Lamp/ Floor Lamp-**Taa Ya Sakafu**

Armchair-**Kiti**

Curtain-**Pazia**

Shelf-**Rafu**

Bookshelf-**Rafu Ya Vitabu**

Painting-**Mchoro**

Frame-**Fremu**

Socket-**Soketi**

Bulb-**Balbu**

Coffee Table-**Meza Ndogo**

Shade-**Kivuli/Kipunguza Nuru/Mwangaza**

Speaker-**Kipaza Sauti**

Telephone-**Simu**

Door -**Mlango**

Window -**Dirisha**

B. The Kitchen -jikoni

Toaster –**Kichomeo/Kichoma Tosi**

Oven-**Tanuu/Kalibu**

Coffee Filter- **Kichungi Kahawa**

Saucepan-**Bunguu/Kibia**

Blender-**Chombo Chha Kukorogea Mseto**

Pot-**Chungu**

Microwave-**Wimbi Mikro**

Dishwasher-**Kiosha Vyombo**

Kettle-**Birika/Buri**

Frying Pan-**Kikaango**

Refrigerator-**Jokofu/Jirafu**

Can Opener-**Kifungua Mkebe**

Rolling Pin-**Mpini**

Scale-**Mizani**

Cutting Board-**Kibao Cha Kukatia**

Kitchen Knife-**Kisucha Jikoni**

Sieve-**Kichungi**

Apron-**Aproni**

Mesuring Cup-**Kikombe Cha Kupimia**

Wooden Spoon-**Mwiko**

Garbage Can-**Jaa/Jalala**

Stove-**Stovu**

Sink-**Karo**

Soap-**Sabuni**

C. Dinning Room/ Table Setting-sebule /kuandaa meza
Knife-**Kisu**

Dessert Spoon-**Kijiko Cha Kitindamlo**

Fork-**Uma**

Salt Shaker-**Chungu Cha Chumvi**

Saucer-**Kisahani**

Sugar Bowl- **Sahani Pakuzi**

Table-**Meza**

Chair-**Kiti**

Glass - **Bilauri/Glasi**

Plate-**Sahani**

Spoon-**Kijiko**

Cup-**Kikombe**

Table Cloth-**Kitambaa Cha Meza**

Bowl-**Bakuli**

Ice-Cream Scoop-**Kijiko Cha Kupakulia Aisikrimu**

Serving Tray-**Sinia**

Towel-**Taulo**

Useful Vocabulary and Expressions -**msamiati na maelezo muhimu**

meal-**mlo/chakula/maakuli**

breakfast-**kiamsha kinywa/chamsha kinywa**

lunch-**kishuka**

dinner-**kijio/cajioni**

snack-**kitafunio/kipocho**

to set the table –**kuandaa meza/kuandika meza**

to eat -**kula**

guest-**mgeni**

host -**mwenyeji wa kiume**

hostess-**mwenyeji wa kike**

Have a nice meal.-**kula chakula kizuri**

That was delicious.-**chakula kilikuwa kitamu**

to do the dishes-**kusafisha /kung'arisha vyombo**

D. Bedroom-Chumbani

Pillow -**Mto**

Blanket-**Blanketi**

Bed Sheet-**Shuka/Shirti**

Bedside Table-**Meza Ya Chumbani**

Mattress-**Godoro**

Bed-**Kitanda /Samadari/Ulili**

Alarm Clock-**Saa Ya Alamu**

Pillowcase-**Foronya**

Bed Cover / Comforter -**Tandiko Ya Kitanda**

Wardrobe-**Kabati Ya Nguo**

Clothest Hanger -**Kitundikio**

Useful Vocabulary And Expressions - **Msamiati Na Maelezo Muhimu**

To Be Sleepy -**Kuwa Na Uzingizi**

I Am Sleepy.-**Nina Uzingizi**

To Go To Bed –**Kwenda Kitandani/Kwenda Kulala**

I Am Going To Bed.-**Ninenda Kitandani/Ninaenda Kulala**

To Make the Bed -**Kutandika Kitanda**

I Am Making My Bed.-**Ninatandika Kitanda Changu**

To Get Up -**Kuamka**

I Get up at Seven O'clock.-**Ninaamka Saa Moja Kamili**

To Wake up -**Kuamka**

I Wake Up At Six O'clock. -**Ninaamka Saa Kumi Na Mbikamili**

To Snore -**Kukoroma**

My Mother Snores.-**Mama Yangu Hukoroma**

E. The Bathroom-bafu/hamamu

Towel-**Taulo**

Shower-**Bilula Ya Maji Ya Bafu**

Washcloth -**Kitambaa Cha Kunadhifisha**

Shampoo-**Shampuu**

Toothbrush-**Mswaki**

Toothpaste-**Dawa Ya Meno**

Mirror-**Kioo**

Waste Paper Basket-**Jaa**

Sink-**Karo**

Comb-**Kitana/Kichana**

Soap-**Sabuni**

Hairdryer-**Kikausha Nywele**

Hairbrush-**Brashi Ya Nywele**

Toilet/ Washroom-**Choo/Msala/Maliwato**

Tank-**Tanki/Tangi**

Toilet Paper-**Karatasi Ya Shashi**

Tap-**Bilula**

Hot Water-**Maji Moto/Maji Yaliyokanzwa**

Cold Water - **Maji Baridi**

Shower Cap-**Kofia Ya Shawa**

Razor-**Wembe**

Makeup-**Virembeshi**

Perfume-**Manukato**

Cologne -**Marashi**

Powder-**Poda**

Deodorant-**Uturi**

Shaving Cream-**Malai ya Kunyolea**

Useful vocabulary and expressions -**msamiati na misemo muhimu**

Take A Shower -**Kuoga**

Take A Bath -**Kuoga**

Other Parts of the House -**sehemu nyingine za nyumba**

Garage -**Gereji**

Ground Floor-**Chumba Cha Mwanzo**

Basement- **Chumba cha chini**

Stairs -**Vidato**

First Floor-**Sakafu Ya Kwanza**

Roof -**Paa**

Chimney -**Doani/Chimni**

Wall -**Ukuta/Kiambaza**

Ceiling-**Dari**

Balcony-**Roshani**

Elevator / Lift-**Kambarau/Lifti**

Emergency Exit-**Mlango Wa Dharura**

Lobby-**Sebule/Ukumbi**

Mailbox / Letter Box-**Sanduku La Posta**

24. (Toys)-Vyombo vya kuchezea

Balloon-Kibofu

Skipping Rope-Kamba Ya Mchezo Wa

Kurukaruka

Doll-Mwana Sesere

Video Game-Mchezo Wa Video

Chess-Sataranji

Scooter-Skuta

Robot-Roboti

Puppets-Wana Sesere

Kite-Tiara

Dice-Dadu

Crayons- Kalamu rangi

Doll's House-Chumba cha doli

Coloring Book-KitabuCha Kupaka Rangi

Skateboard-Ubao W Akuteleza

25. Daily Routine activities-shughuli za kila siku

To Wake up -**Kuamka**

I Wake Up.-**Huamka**

To Rise / To Get Out Of Bed -**Kutoka Kitandani**

I Get Out Of Bed.-**Mimi Hutoka Kitandani**

To Bathe -**Kuoga**

I Wash Myself.-**Mimi Huoga**

To Comb -**Mimi Huchana Nywele**

I Comb My Hair.-**Mimi Huchana Nywele**

To Dress-**Kuvaa**

I Am Dressing.-**Ninavaa**

To Have Breakfast -**Kupata Kiamshakinywa**

I Have Breakfast.-**Nina Sttaftahi/Ninapata Kiamshakinywa**

To Brush one's Teeth -**Kusugua Meno**

I Brush My Teeth.-**Mimi Husugua Meno**

To Go To School -**Kwenda Shule**

I Am Going To School. -**Ninaenda Shuleni**

To Learn At School -**Kusoma Shuleni**

I Learn At School.-**Mimi Husoma Shuleni**

Play With Friends-**Cheza Na Marafiki**

I Play With My Friends.-**Mimi Hucheza Na Marafiki**

Eat Lunch-**Kila Kishuka**

I Have My Lunch.-**Kupata Kishuka/Chamcha**

To Go Back Home-**Kurudi Nyumbani**

I Go Back Home.-**Mimi Hurudi Nyumbani**

To Do My Homework –**Kufanya Kazi Ya Nkyumbani**

I Do My Homework.-**Mimi Hufanya Kazi Yangu Ya Nyumbani.**

To Watch Television –**Kutazama Runinga**

I Watch Television.-**Mimi Hutazama Runinga**

To Have Dinner with My Family –**Kupata Chajio Pamoja Na Familia Yangu**

I Have Dinner with My Family.-**Hupata Chajio Pamoja Na Familia Yangu**

To Go To Bed -**Kwenda Kulala**

I Go To Bed- **Mimi Huenda Kulala**

26. Garage and Garden tools - vifaa vya gereji na vya shambani

Mower-**Mkata Nyasi/Kikata Nyasi**

Shovel-**Koleo/Sepetu**

Screwdriver-**Skrubu**

Clamps-**Gango/Kigango**

Key-**Ufunguo**

Drill-**Kekee**

Screw-**Parafujo/Msumari wa Hesi**

Hammer-**Nyundo**

Axe-**Shoka**

Spade-**Sepeto**

Nail-**Msumari**

Rake-**Reki**

Saw-**Msumeno**

Tool Box-**Sanduku La Vifaa**

27.   Health and Emergency -afya na dharura

Vocabulary and Expressions-**msamiati a misemo**

Please call an ambulance.-**fafadhali iite kanyaga/ambulansi**

Can you give first aid?-**unaweza kupatiana huduma ya kwanza?**

Where does it hurt?-**unaumwa wapi?**

First aid-**huduma ya kwanza**

I am sick.-**mimi ni mgonjwa**

I don't feel well.-**sihisi vizuri.**

To have a headache –**kuumwa a kichwa**

I have a headache.-**ninaumwa na kichwa**

To have stomach ache-**kuumwa na tumbo**

I have a stomach ache.-**ninaumwa na tumbo**

To have a sore throat-**kuumwa na koo**

I have a sore throat.-**ninumwa na koo**

To have a toothache-**kuumwa na jino**

My teeth hurt.-**meno yangu yanauma**

Sick -**mgonjwa**

Patrick is sick-**Patrick ni mgonjwa**

Hospital-hospitali

First-aid box-**sanduku la huduma ya kwanza**

Medicine-dawa

Doctor-daktari/tabibu

Nurse-muuguzi/nesi

28.   Communication -mawasiliano

Letter-**Barua**

Radio-**Redio/Mwangoya/Rungoya**

Newspaper-**Gazeti**

Telephone-**Simu**

Camcorder-**Kamkoda**

Television-**Runinga/Televisheni**

Magazine-**Jarida**

Internet-**Mtandao**

Notice Board-**Ubao Wa Matangazo**

Satellite-**Satalaiti**

Photograph-**Picha**

Video-**Sinema /Video**

Poster-**Bango**

Presenter / Newscaster-**Mtangazaji**

Camera-**Kamera**

Digital Camera-

Cameraman-**Mpiga Picha**

Reporter-**Mtangazaji**

Interviewer-**Ripota**

29.   Laundry Room -Maliwato/madobini

Washing Machine-**Mtambo Wa Kusafisha Nguo**

Tumble-Dryer

Clothesline-**Kamba Ya Kuanika Nguo**

Basin-**Beseni**

Bucket-**Ndoo**

Broom-**Ufagio**

Vacuum Cleaner-**Kivuta Vumbi**

Ironing Board-**Ubao Wa Kupigi Nguo Pasi**

Iron-**Pasi**

Laundry Basket-**Kikapu Cha Madobini**

Polish-**Rangi**

Detergent-Sabuni

Mop-**Kupiga Deki**

Housekeeping Verbs -vitenzi /vitendo ndani ya nyumba

to sweep –**kufagia**

to wipe -**kipangusa**

to clean –**kusafisha**

to polish –**kupiga rangi**

to wash –**kuosha**

to dust-**kuondoa vumbi**

to iron-**kupiga pasi**

to rinse-**kukamua**

Scrub-kusugua

30.   Farm -shamba/konde/mgunda

Farmer-**Mkulima**

Vegetable Garden-**Shamba La Mboga**

Pasture-**Malishoni/Makondeni**

Livestock-**Mifugo**

Fence-**Ua**

Gate-**Lango**

Field-**Uwanja**

Pesticide-**Dawa Za Kuwaua Wadudu**

To Plant –**Kupanda**

To Water -**Kunyunyizia Maji**

To Sow –**Kupanda**

To Harvest –**Kuvuna**

Basic English Words and expressions-msamiati na misemo

Formal Greetings-mmmkizi rasmi

Good morning.-**habari za asubuhi?**

Good evening.-**habari za jioni?**

Good afternoon.-**habari za alasiri?**

How are you?-**U hali gani?**

I am fine thank you and you? -**Ni mzima, na wewe je?**

Good morning-**subalheri?** Good morning to you-**alkheri**

Good afternoon-**masalheri?** Good afternoon to you-**alkheri**

Informal Greetings –salamu ambazo si rasmi

Hi!-**habari?/vipi?**

How is it going?-**mambo vipi?**

I'm fine-**niko salama/ni mzima**

I'm not fine-**mimi si salama/mimi si mzima**

So so.-**Kwa hiyo?**

Sleep well-**usingisi mwema**

Sleep well too-**usingizi mnono**

Good night-**alAmziki**

Good night too-**binuru**

Sleep well-**lala salama**

Sleep well too-**wa salimini**

How are you-**waambaje?**

Fine-**vyema**

Are u ok?-**u salama?**

I am fine /ok -**salimini**

How are you?-**hujambo?**

I am fine -**sijambo**

How are you?-**habari yako?**

Iam fine -**nzuri/njema**

Get well soon-**ugua pole**

Thank you-**asante**

Bye bye-**kwaheri**

Bye too-**kwaheri ya kuonana**

Etiquette-maneno ya dabu

Thank you-**asante**

Please-**tafadhali**

Pardon-**niwie radhi**

Welcome-**karibu**

Excuse me –**samahani**

Sorry-**kuniradhi**

Usage of polite language in sentences-**mifano ya matumizi**

katika sentenzi

Thank you for the food-**asante kwa chakula**

Thank you for the drink-**asante kwa kinywaji**

Please call me later (telephone call)-**Tafadhali nipigie**

simu badaaye.

Welcome to France-**karibu ufaransa**

Bye, see you later-**kwaheri, tounane baaadaye**

Safe journey-**safiri salama**

Other useful basic/common English Words, phrases and expressions-maneno na misemo ya kawaidakwa kiingereza

Sir /Mr)-**Bwana**

Mrs-**Bibi**

Miss-**Bint**i

Goodbye.-**Kwaheri**

See You Soon.-**Tuonane Hivi Karibuni**

See You Later.-**Tuonane Badaaye**

Good Day.-**Ikunjema**

See You Tomorrow.-**Tuonane Kesho**

Good Night.-**Lala Salama**

Good Luck-**Bahati Njema**

Good Evening.-**Habari Za Jioni?**

Safe Journey.-**Safiri Salama**

I Am Sorry.-**Naomba Radhi/Samahani**

Yes-**Ndio/Ndiyo**

No-**Hapana /La**

Please.-**Tafadhali**

I am sorry.-**samahani**

Okay-**sawasawa/sawa**

Do you speak English?-**unaweza kuongea kingereza?**

Yes, I speak English.-**ndio/mimi naweza kuongea kingereza**

Do you speak French?-**wewe huongea kifaransa?**

Yes I speak a little.-**ndio naongea kidogo tu**

No, I don't speak French-l**a/hapana siongei kifaransa**

Thank you -**Asante**

Thanks a lot-**asante Sana**

You're welcome-**umekaribishwa**

I understand.-**nimeelewa**

I don't understand.-**sielewi**

I need help.-**nataka uzaidizi wako**

Pardon me/excuse me.-**samahani**

I don't know.-**sijui**

Could you repeat please?-**Tafadhali unaweza kurudia**

Question Words

How much? / How many?-**ni ngapi?**

Where?) –**wapi ?**

Where are you going?-**unaenda wapi?**

Who?-**nani?**

Who are you?-**wewe ni nani?**

When? –**lini ?**

When are you leaving?-**onaondoka lini?**

What? –**nini?**

What are you doing?-**unafanya nini?**

Why? because-**kwa nini ? ,kwa sababu ?**

Why are you late?-**kwa nini umechelewa ?**

Because my car broke down.-**Kwa sababu gari langu liliharibika**

How?-**vipi?**

How are you?-**u hali gain? /ukoje?**

31.Numbers -Taarakimu/Namba

0   -Sufuri/Nunge

1   -Moja

2   -Mbili

3   -Tatu

4   -Nne

5   -Tano

6   -Sita

7   -Saba

8   -Nane

9   -Tisa

10   -Kumi

11   -Kumi Na Moja

12   -Kumi Na Mbili

13   -Kumi Na Tatu

14   -Kumi Na Nne

15   -Kumi Na Tano

16   -Kumi Na Sita

17   -Kumi Na Saba

18   -Kumi Na Nane

19   -Kumi Na Tisa

20.   -Ishirini

21 -Ishirini Na Moja

22 -Ishirini Na Mbili

23 -Ishirini Na Tatu

24 -Ishirini Na Nne

25 -Ishirini Na Tano

26 -Ishirini Na Sita

27 -Kumi Na Nane

28 -Ishirini Na Nane

29 -Ishirini Na Tisa

30 -Thelathini

31-Thelathini Na Moja

32 -Thelathini Na Mbili

33 -Thelathini Na Tatu

34 -Thelathini Na Nne

35 -Thelathini Na Tano

36 -Thelathini A Sita

37 -Thelathini Na Saba

38 -Thelathini Na Nane

39 -Thelathini Na Tisa

40 -Arubaini

41 -Arobaini Na Mojo

42 -Arobaini Na Mbili

43 -Arobaini Na Tatu

44 -Arobaini Na Nne

45 -Arobaini Na Tano

46 -Arobaini Na Sita

47 -Arobaini Na Saba

48 -Arobaini Na Nane

49 -Arobaini Na Tisa

50 Cinquante -Hamsini

51 -Hamsini N Moja

52 -Hamsini Na Mbili

53 -Hamsini Na Tatu

54 -Hamsini Na Nne

55 -Hamsini Na Tano

56 -Hamsini Na Sita

57 -Hamsini Na Saba

58 -Hamsini Na Nane

59-Hamsini Na Tisa

60 -Sitini

61 -Sitini Na Moja

62 -Sitini Na Mbili

63 -Sitini Na Tatu

64 -Sitini Na Nne

65 -Sitini Na Tano

66 -Sitini Na Sita

67 -Sitini Na Saba

68 -Sitini Na Nane

69 -Sitini Na Tisa

70 -Sabini

71 -Sabini Na Moja

72 -Sabini Na Mbili

73 -Sabini Na Tatu

74 -Sabini Na Nne

75 -Sabini Na Tano

76 -Sabini Na Sita

77 -Sabini Na Saba

78 -Sabini Na Nane

79 -Sabini Na Tisa

80 -Themanini

81 -Themanini Na Moja

82 -Themanini Na Mbili

83 -Themanini Na Tatu

84 -Themanini Na Nne

85 -Themanini Na Tano

86 - Themanini Na Sita

87 -Themanini Na Saba

88 -Themanini Na Nane

89 -Themanini Na Tisa

90 -Tisini

91 -Tisini Na Moja

92 -Tisini Na Mbili

93 -Tisini Na Tatu

94 -Tisini Na Nne

95 -Tisini Na Tano

96 -Tisini Na Sita

97 -Tisini Na Saba

98 -Tisini Na Nane

99 -Tisini Na Tisa

100 -Miamoja

101- Mia Moja Na Moja

110- Mia Moja Na Kumi

111 -Mia Moja Na Kumi Na Moja

120 -Mia Moja Na Ishirini

121 -Mia Moja Na Ishirini Na Moja

144 -Mia Moja Na Arobaini Na Nne

200 -Mia Mbili

300 -Mia Tatu

400 -Mia Nne

500 -Mia Tano

1 000 -Elfu Moja

1 001 -Elfu Moja Na Moja

2000 -Elfu Mbili

20,500 -Elfu Ishirini Na Mia Tano

100, 000 -elfu mia moja/laki moja

1, 000,000 -milioni moja

Tens -Makumi

Tens and units are joined with a hyphen. So, 25 = **vingt-cinq**, 45 = **quarante-cinq** etc. If the unit is a **1**, then the word **et** is inserted between tens and units: 21 = **vingt et un**, 31 = **trente et un.** Etc.

Hundreds-Mamia

The French for 'a hundred' is **cent**. Multiples of a hundred go **deux cents, trois cents,** etc. with an **-s** on **cents**. If the number is not an exact multiple of 100, then the number representing the last two digits follows **cent**, which loses its **-s**: 102 = **cent deux**, 201 = **deux cent un**, 202 = **deux cent deux** etc. Notice that in French there is no word for 'and' (et) between the hundreds and the tens/units, unlike in English, and that "a hundred" is just **cent**, not ~~un cent~~.

Thousands-Maelfu

The French for '(a) thousand' is **mille**. This word never adds an **-s**, and there is never a word for 'and' between the thousands and the hundreds/tens/units. So: 1000 = **mille**, 3000 = **trois mille**, 2003 = **deux mille trois**, 3070 = **trois mille soixante-dix**.

Days of the Week-siku za wiki

Monday-**juma tatu**

Tuesday-**juma nne**

Wednesday-**juma tano**

Thursday-**alhamisi**

Friday-**ijumaa**

Saturday-**juma mosi**

Sunday-**juma pili**

Months of the Year –miezi ya mwaka

January-**januari**

February-**februari**

March -**machi**

April -**aprili**

May-**mei**

June-**juni**

July-**julai**

August -**agosti**

September -**septemba**

October-**oktoba**

November -**novemba**

December-**disembs/desemba**

Time - wakati /saa

Question What time is it?-**ni saa ngapi?**

Answer: Its ten o'clock.-**ni saa nne kamili**

3:06 – It's five after three.-**ni saa tisa na dakika tano**

2:10 It's ten after two.-**ni saa nane na dakika kumi**

6:15 – It's quarter after six.-**ni saa kumi na mbili na robo**

6:30 – It's six thirty.- **ni saa kumi na mbili na robo**

4 :30 It's four thirty.-**ni saa kumi na nusu**

5:45 – It's quarter to six.-**ni saa kumi na mbili kasorobo**

3: 50 – It's ten to four. –**ni saa kumi kasoro dakika kumi**

4:58 – It's two to five.-**saa kumi na moja kasoro dakika mbili**

1:00 - It's one oclock. -**ni saa saba kamili**

3 :15 – It's quarter past three-**ni saa tisa na robo**

12.00 – It's noon.-**ni wakati wa jua mtikati/ni saa sita za mchana**

00 :00 / 24 :00 – **It's midnight.-ni usiku wa manane / ni saa sita za usiku**

Vocabulary and Expressions-**msamiati na msemo**

Now-**Sasa**

Second-**Sekunde /Nukta**

15 Minutes-**Robo Saa/ Dakika Kumi Na Tano**

Half An Hour-**Nusu Saa**

Hour-**Saa**

Today-**Leo**

Yesterday-**Jana**

Tomorrow-**Kesho**

Week-**Juma /Wiki**

Next Week-**Wiki Ijayo**

Morning- **Asubuhi**

Afternoon-**Alasiri**

Evening -**Jioni**

Sunset-**Jua Kutua**

Early- **Mapema**

Soon-**Hivi Karibuni**

On Time-**Wakati Huo Huo**

Late-**Chelewa**

You're Late.-**Umechelewa**

You're Early.-**Umekuja Mapema**

How Long Will It Last?-**Itachukua Muda Gani?**

What Time Does It Start?-**Inaanza Saa Gapi?**

What Time Does It End?-**Itaisha Saa Ngapi?**

What Time Do You Arrive There?-**Huwa Unfiika Hapa Saa Ngapi?**

Never-**Hakuna**

Later-**Badaaye**

Often-**Mara Kwa Mara**

Rarely-**Nadra**

Always-**Kila Wakati**

Basic Exchanges in English: mazungumzo ya kawaida katika lugha ya kiingereza

Question (Q) : What is your name?-**jina lako ni ?**

Answer: (A) My name is Mary and yours? – **Naitwa Mary na wewe?**

A: Pleased to meet you-**nimefurahi kukutana na wewe**

Q: Who is it?-**ni nani?**

A: This is my friend, Ann.-**huyu ni rafiki yangu Ann**

Q: Where do you live?-**unaishi wapi?**

A: I live in New York.-**ninaishi New York**

Q: What's your address?-**anwani yako ni ipi ?**

A: It's 70 Vieux Marché Street-ni 70 vieux mtaaa wa marchi

Q : What is your telephone number?-**namba yako ya simu ni gani ?**

A: It's 0722374329._**namba yangu ni 0722374329**

Q: What is your nationality?-**wewe ni raia w chi gani?**

A:I am Kenyan. - **Mimi ni mkenya**

Q: What is your profession?-**unafanya kazi gani?**

A: I am a student.-**mimi ni mwanafunzi**

Q: How much is the book?-**kitabu hiki ni cha bei gani?**

A: It costs a hundred dollars.-**kitabu hiki kinagharimu**

dola mia mojoa

A: It is expensive. **-ni ghali sana / ni cha bei ya juu**

A: It is cheaper.**-ni bei nafuu**

Printed in Great Britain
by Amazon

26453113R10057